AF126449

YOU,
ME &
Books

FÜR

PROLOG

UNSER KENNENLERNEN

✳

WANN

WO

AN DIR IST MIR ALS ERSTES AUFGEFALLEN

WER HAT DEN ERSTEN SCHRITT GEMACHT

SO HAB ICH MICH IN DEM MOMENT GEFÜHLT

UNSER ERSTES GEMEINSAMES FOTO

SO SAHEN WIR DAMALS AUS

DAS DACHTE ICH ÜBER DICH, BEVOR WIR UNS NÄHER KENNENGELERNT HABEN

.

GUTE FREUNDSCHAFTEN,

IN DENEN WIR UNS SICHER,

WOHL UND AKZEPTIERT

FÜHLEN, SIND EINE

unfassbare Ressource

FÜR UNS UND

UNSEREN LEBENSWEG.

ANNALENA THOMAS – ON YOUR OWN

DORT HABEN WIR GEWOHNT

DAS WAREN UNSERE HOBBYS

DEINE EIGENSCHAFTEN

DAS HABEN WIR GERN ZUSAMMEN GEMACHT

DAS HAT UNS VERBUNDEN

DAS WAR TOTAL UNTERSCHIEDLICH AN UNS

DAMIT HAST DU MICH ÜBERRASCHT

DAMIT HAST DU MICH BEEINDRUCKT

DAS WAR EINES UNSERER ERSTEN GEMEINSAMEN ERLEBNISSE

IN DEM MOMENT WUSSTE ICH, DASS DAS WAHRE FREUNDSCHAFT IST

1. KAPITEL

UNSERE FREUNDSCHAFT

✳

SO LANGE KENNEN WIR UNS JETZT SCHON

UNSERE SPITZNAMEN

SO SEHEN WIR HEUTE AUS

SO WEIT WOHNEN WIR VONEINANDER ENTFERNT

DAS WAR DIE WEITESTE ENTFERNUNG, DIE WIR
IN UNSERER FREUNDSCHAFT ÜBERBRÜCKEN MUSSTEN

DAS WAR DIE KÜRZESTE ENTFERNUNG

WIR SAGTEN UNS NICHT,

WAS WIR ANEINANDER MOCHTEN,

WIR LIESSEN EINANDER EINFACH

SPÜREN, DASS ES ALLES WAR,

indem wir uns so akzeptierten,

wie wir waren.

MERIT NIEMEITZ - NO LONGER ALONE - MULBERRY MANSION

SO OFT SIND WIR IN KONTAKT

SO KOMMUNIZIEREN WIR MITEINANDER

UNSERE WICHTIGSTEN EMOJIS

UNSER LIEBLINGSGIF

ÜBER DIESES THEMA TAUSCHEN WIR UNS AM MEISTEN AUS

BEI DIESEM STICHWORT
MUSS ICH SOFORT AN DICH DENKEN

UNSERE GRÖSSTE GEMEINSAMKEIT

UNSER GRÖSSTER UNTERSCHIED

UNSER LIEBLINGSESSEN

UNSER LIEBLINGSORT

UNSER LIEBLINGSCAFÉ

DAS SCHÖNSTE GESCHENK,
DAS DU MIR GEMACHT HAST

DAS MACHEN WIR AM LIEBSTEN ZUSAMMEN

EINE FARBE

EIN TIER

EIN ELEMENT

EINE BLUME

EINE JAHRESZEIT

EIN LIEBLINGSESSEN

EIN EDELSTEIN

EIN GEGENSTAND

EINE STADT

EIN LAND

EINE TAGESZEIT

EIN WETTER

EINE EISSORTE

EIN GETRÄNK

EINE OBSTSORTE

EINE DISNEY-PRINZESSIN

EIN ORT

EINE AESTHETIC

EIN HOBBY

EINE KAFFEESORTE

— ... WÄRST! —

UNSERE LIEBLINGSBAND/-KÜNSTLER:IN

BEI DIESEM SONG MUSS ICH SOFORT AN DICH DENKEN

DIESES LIED BESCHREIBT UNSERE
FREUNDSCHAFT AM BESTEN

UNSER SCHÖNSTES KONZERTERLEBNIS

UNSERE LIEBLINGSSERIE

UNSER LIEBLINGSFILM

DAS HABEN WIR AM MEISTEN ZUSAMMEN GESCHAUT

WIR SIND WIE

DER CAST, WENN UNSERE FREUNDSCHAFT VERFILMT WERDEN WÜRDE

UNSER EINKAUFSZETTEL FÜR DEN PERFEKTEN FILMEABEND

WIND UND WELLEN SINGEN

GEMEINSAM EIN LIED,

ABER NICHTS IST SO SCHÖN

WIE DIE WORTE, DIE ROAN SAGT,

UND VON DENEN ICH WEISS,

DASS SIE VON HERZEN KOMMEN.

»WIE SCHAFFST DU ES EIGENTLICH,

IMMER GENAU DAS RICHTIGE

IM RICHTIGEN MOMENT ZU SAGEN?«

»Ich bin dein bester Freund.
Das ist mein Job.«

KARA ATKIN – THE BRIGHTEST COLOURS

UNSER ERSTER GEMEINSAMER URLAUB

UNSERE VERRÜCKTESTE URLAUBSGESCHICHTE

BEI DIESEM REISEZIEL MUSS ICH AN DICH DENKEN

DIESES SOUVENIR ERINNERT MICH AN DICH

DAHIN MÜSSEN WIR UNBEDINGT MAL ZUSAMMEN REISEN

DAS BRAUCHEN WIR FÜR DEN PERFEKTEN URLAUB

DU IN DREI WORTEN

DAS MACHT DICH SO BESONDERS

DIESE EIGENSCHAFTEN MAG ICH AM LIEBSTEN AN DIR

DEINE GRÖSSTE STÄRKE

DARAN WILLST DU NOCH ARBEITEN

WIE ICH DICH SEHE

TIER	ORT	PFLANZE
CHARACTER	JAHRESZEIT	HOBBY
FARBE	EDELSTEIN	ESSEN

WIE DU DICH SIEHST

TIER	ORT	PFLANZE
CHARACTER	JAHRESZEIT	HOBBY
FARBE	EDELSTEIN	ESSEN

MEIN LIEBLINGSSPRUCH VON DIR

DAMIT BRINGST DU MICH SOFORT ZUM LACHEN

UNSERE FREUNDSCHAFT IN DREI WORTEN

DAS MOTTO UNSERER FREUNDSCHAFT

DAS SCHÄTZE ICH AM MEISTEN AN DIR

DARIN BIST DU UNSCHLAGBAR

DARUM IST UNSERE FREUNDSCHAFT UNVERGLEICHBAR

DAS WÜRDE ICH MIT DIR TEILEN

DAS PEINLICHSTE, WAS UNS JE PASSIERT IST

EIN INSIDER, DEN SONST NIEMAND KENNT

*Aber ich hatte
an uns geglaubt.*
UND AN DAS, WAS WIR
MITEINANDER HATTEN.
DARAN, DASS UNSERE
FREUNDSCHAFT GENAUSO
UNVERGÄNGLICH WAR
wie die Sterne.

LAURA KNEIDL – VERGISS UNS. NICHT.

WENN ICH DAS SEHE, MUSS ICH AN DICH DENKEN

AM MEISTEN VERMISSE ICH DICH, WENN

DAS HABE ICH VON DIR GELERNT

DARÜBER KANN ICH NUR MIT DIR REDEN

WENN DU EINEN SCHLECHTEN TAG HAST,
DANN BRAUCHST DU

WENN ICH EINEN SCHLECHTEN TAG HABE,
DANN GIBST DU MIR

WAS ICH DIR UNBEDINGT MAL SAGEN WOLLTE

2. KAPITEL

BÜCHER

✳

SICH WIE EIN:E FREUND:IN

ZU BEHANDELN BEDEUTET,

DASS DU GUT ZU DIR SELBST BIST,

DICH TRÖSTEST, LOBST, FEIERST.

Was würde dein:e Freund:in

in diesem Moment brauchen?

WAS KÖNNTEST DU TUN, UM ZU

UNTERSTÜTZEN ODER ZU TRÖSTEN?

WENN DU MITLEID UND NACHSICHT

MIT ANDEREN HAST, WIESO DANN

NICHT AUCH MIT DIR?

SABINE STEINDOR – NOTIZ AN MICH: ICH BIN GENUG

TITEL:

AUTOR*IN:

GENRE:

VERLAG:

REIHE/BAND:

WAS ICH AN DIESEM BUCH LIEBE:

LIEBLINGSZITAT:

TITEL:

AUTOR*IN:

GENRE:

VERLAG:

REIHE/BAND:

WAS ICH AN DIESEM BUCH LIEBE:

LIEBLINGSZITAT:

UNSER*E LIEBLINGSAUTOR*IN

UNSER LIEBLINGSGENRE

UNSER LIEBLINGSSETTING

UNSER LIEBLINGSTROPE

UNSERE LIEBLINGSREIHE

UNSER LIEBLINGSVERLAG

SO VIELE BÜCHER LESEN WIR IM JAHR

UNSER LIEBLINGS-BOOKCOUPLE

TITEL:

AUTOR*IN:

GENRE:

VERLAG:

REIHE / BAND:

WAS ICH AN DIESEM BUCH LIEBE:

LIEBLINGSZITAT:

MOODBOARD

TITEL:

AUTOR*IN:

GENRE:

VERLAG:

REIHE/BAND:

WAS ICH AN DIESEM BUCH LIEBE:

LIEBLINGSZITAT:

MOODBOARD

UNSERE LIEBLINGSBUCHHANDLUNG

DAS DARF BEIM LESEN NICHT FEHLEN

HIER LESEN WIR AM LIEBSTEN

BEI DIESEM BUCH MUSS ICH SOFORT AN DICH DENKEN

DIESE DEKO DARF IN UNSEREM BÜCHERREGAL
NICHT FEHLEN

TITEL:

AUTOR*IN:

GENRE:

VERLAG:

REIHE / BAND:

WAS ICH AN DIESEM BUCH LIEBE:

LIEBLINGSZITAT:

MOODBOARD

Was ist Freundschaft für dich?

ICH WEISS NICHT ...

ICH GLAUBE, ES IST FREUNDSCHAFT,

WENN MAN EINEN MENSCHEN AN

SEINER SEITE HAT, DER EINEM DABEI HILFT,

WENIGER ANGST ZU HABEN.

ANNA SAVAS - HOLD ME

MAIN CHARACTER	SETTING	GENRE
HAPPY END	BOOKPARTNER	VIBE
BIBLIOTHEK	TROPE	SIDEKICK

WIE DU DICH SIEHST – BOOK EDITION

MAIN CHARACTER

SETTING

GENRE

HAPPY END

BOOKPARTNER

VIBE

BIBLIOTHEK

TROPE

SIDEKICK

TITEL:

AUTOR*IN:

GENRE:

VERLAG:

REIHE / BAND:

WAS ICH AN DIESEM BUCH LIEBE:

LIEBLINGSZITAT:

MOODBOARD

TITEL:

AUTOR*IN:

GENRE:

VERLAG:

REIHE/BAND:

WAS ICH AN DIESEM BUCH LIEBE:

LIEBLINGSZITAT:

MOODBOARD

MEIN LIEBSTER BUCH-POST VON DIR

DIE CAPTION UNSERER FREUNDSCHAFT

UNSERE LIEBSTEN BUCH-ACCOUNTS

TITEL:

AUTOR*IN:

GENRE:

VERLAG:

REIHE / BAND:

WAS ICH AN DIESEM BUCH LIEBE:

LIEBLINGSZITAT:

MOODBOARD

VIELLEICHT IST GEORGIA

JA DOCH NICHT SO SCHLIMM,

DACHTE ICH.

NICHT WENN ICH POPPY LITCHFIELD

ALS ALLERBESTE FREUNDIN HABE.

UND GENAU DAS WAREN POPPY UND ICH

VON DIESEM TAG AN.

Poppy und Rune.

Beste Freunde für unendlich.

TILLIE COLE – ALL YOUR KISSES

TITEL:

AUTOR*IN:

GENRE:

VERLAG:

REIHE/BAND:

WAS ICH AN DIESEM BUCH LIEBE:

LIEBLINGSZITAT:

MOODBOARD

UNSERE ERSTE GEMEINSAME BUCHMESSE

DIESE LESUNG HAT UNS AM BESTEN GEFALLEN

UNSER LIEBSTES BOOK-MERCH

DIESE BUCH-EVENTS DÜRFEN WIR NICHT VERPASSEN

TITEL:

AUTOR*IN:

GENRE: _____

VERLAG: _____

REIHE/BAND: _____

WAS ICH AN DIESEM BUCH LIEBE:

_____

_____

_____

_____

LIEBLINGSZITAT:

_____

_____

_____

MOODBOARD

OHNE DIESE MENSCHEN WÄRE DIE BUCHWELT
NUR HALB SO SCHÖN

TITEL:

AUTOR*IN:

GENRE:

VERLAG:

REIHE/BAND:

WAS ICH AN DIESEM BUCH LIEBE:

LIEBLINGSZITAT:

MOODBOARD

DIESE BUCH-EVENTS HABEN WIR SCHON ZUSAMMEN BESUCHT

TITEL:

AUTOR*IN:

GENRE: _____

VERLAG: _____

REIHE/BAND: _____

WAS ICH AN DIESEM BUCH LIEBE:

_____

_____

_____

LIEBLINGSZITAT:

_____

_____

_____

MOODBOARD

MOM SAGT IMMER,

DASS EINE FREUNDSCHAFT NICHTS IST,

WAS EINFACH EXISTIERT.

Sie ist eine Blume,

DIE REGELMÄSSIG GEGOSSEN

WERDEN MUSS – UND DARIN IST

HAZEL ECHT GUT. IN MOMENTEN

WIE DIESEN FRAGE ICH MICH,

WAS ICH OHNE SIE TUN WÜRDE.

YVY KAZI – A CURSE UNBROKEN

TITEL:

AUTOR*IN:

GENRE: _____

VERLAG: _____

REIHE/BAND: _____

WAS ICH AN DIESEM BUCH LIEBE: _____

_____

_____

LIEBLINGSZITAT: _____

_____

_____

MOODBOARD

UNSER SCHÖNSTES BUCHEVENT

DIESE AUTOR*INNEN HABEN WIR GETROFFEN

DIESE BUCHFREUND*INNEN HABEN WIR GESEHEN

DIESE BÜCHER WURDEN FÜR UNS SIGNIERT

TITEL:

AUTOR*IN:

GENRE: _____

VERLAG: _____

REIHE/BAND: _____

WAS ICH AN DIESEM BUCH LIEBE:
_____

_____

_____

LIEBLINGSZITAT: _____

_____

_____

MOODBOARD

TITEL:

AUTOR*IN:

GENRE: _____

VERLAG: _____

REIHE/BAND: _____

WAS ICH AN DIESEM BUCH LIEBE: _____

_____

_____

LIEBLINGSZITAT: _____

_____

_____

MOODBOARD

FREUNDSCHAFT

BEDEUTET

Wahlfamilie.

KAI SPELLMEIER - LOVE,YOU

EPILOG

*

DAMIT SOLLTEST DU NIE AUFHÖREN

DAS SCHAFFEN WIR NOCH

HAUPTSACHE WIR BLEIBEN

DAS MÖCHTE ICH NUR MIT DIR ERLEBEN

DARAUF FREUE ICH MICH MIT DIR

FÜR DAS NÄCHSTE JAHR WÜNSCHE ICH DIR

DAS MÖCHTE ICH EINMAL MIT DIR MACHEN

UNSERE BUCKETLIST

»WAS WIRD DAS?«, FRAGTE ICH,

WÄHREND ICH DIE ARME EBENFALLS

UM SIE SCHLOSS UND DIE NASE IN

IHREN HAAREN VERGRUB.

»Nur eine Beste –
Freundinnen – Umarmung,

DIE BITTER NÖTIG WAR.«

SARAH SPRINZ – WHAT IF WE STAY

DANKSAGUNG

LYX in der Bastei Lübbe AG

Die Bastei Lübbe AG verfolgt eine nachhaltige Buchproduktion.
Wir verwenden Papiere aus nachhaltiger Forstwirtschaft und
verzichten darauf, Bücher einzeln in Folie zu verpacken. Wir stellen
unsere Bücher in Deutschland und Europa (EU) her und arbeiten
mit den Druckereien kontinuierlich an einer positiven Ökobilanz.

NACHHALTIG
PRODUZIERT

Originalausgabe:
Copyright © 2024 by
Bastei Lübbe AG, Schanzenstraße 6 – 20, 51063 Köln
Abdruck der Zitate mit freundlicher Genehmigung der Rechteinhaber*innen.

Vervielfältigungen dieses Werkes für das Text- und Data-Mining bleiben vorbehalten.

Umschlaggestaltung: © BUCH & DESIGN Vanessa Weuffel, Köln
Satz und Gestaltung: BUCH & DESIGN Vanessa Weuffel, Köln
Gesetzt aus der Lato © Łukasz Dziedzic
Druck und Verarbeitung: Livonia Print, Riga

Printed in Latvia

ISBN 978-3-7363-2225-7
1 3 5 7 6 4 2

Weitere Informationen unter:
lyx-verlag.de
luebbe.de | lesejury.de